2021

말구유에 오신 예수님

KB213959

사랑마루

교회력을 따라 함께 떠나는
"말구유에 오신 예수님"

　"말구유에 오신 예수님"은 대림절을 준비하는 28일의 여정을 담은 묵상집입니다. 2021년 11월 28일은 대림절의 시작입니다. 대림절은 영어로는 '애드밴트Advent'입니다. '오다'라는 의미인 라틴어 '아드밴투스Adventus'에 기원을 두고 있습니다. 이 기간에는 예수 그리스도의 탄생을 기뻐하고 재림을 희망하는 데에 그 의미가 있습니다.

　"말구유에 오신 예수님"은 대림절을 보내면서 성탄절의 의미를 바로 새기는 데에 그 목적이 있습니다. 성탄절의 의미는 먼저, 2000년 전에 이미 오셔서 우리 가운데 현재적으로 임재하고 계신 예수 그리스도에 대한 믿음입니다. 또한 성탄절의 의미는 아직 오시지 않았지만, 분명히 다시 오실 예수 그리스도를 기다리는 재림의 신앙입니다. "말구유에 오신 예수님"을 온 성도가 기뻐하고 즐거워하는 이유는 이미 우리와 함께 계심을 확인하고 믿으며, 장차 다시 오실 것에 대한 희망을 주기 때문입니다.

"말구유에 오신 예수님"을 통해 대림절을 하루하루 의미 있게 보내야 합니다. 성결한 그리스도인은 재림의 신앙을 통해 불의한 세상에서 공정한 삶을 살아야 합니다. 정직한 삶을 살아갈 때에 하나님 나라를 소망하며 살 수 있습니다. 괴로운 생각과 두려움, 가족과 이웃과의 틀어진 관계, 세상의 불의한 것들에 대한 모든 것을 이기고 회복하고 승리하는 시간을 가져야 합니다.

2021년 교회력과 함께 하는 대림절 묵상집 "말구유에 오신 예수님"을 통해 신앙의 성숙과 성장, 갱신과 변화의 시간을 가져야 합니다. 28일 동안 성도님들의 마음에 성령님의 역사가 함께 하여서 그 어느 때보다도 기쁨과 감격이 넘치는 성탄절이 되기를 소망합니다. 이 기쁜 소식을 온 세상에 전하는 온전한 그리스도인이 되어야 합니다.

2021년 교회력과 함께 하는 대림절 묵상집 "말구유에 오신 예수님"은 남천교회를 섬기는 이인한 목사님께서 집필하여 주셨습니다. 이 대림절 묵상집을 통해 예수 그리스도의 탄생과 기쁨을 온전히 누리시기를 기도합니다.

2021년 가을
대림절을 묵상하며
발행인

차례 Contents

대림절 셋째 주간	15일 12월 12일(주)	대림절 셋째 주일 설교
	16일 12월 13일(월)	요한복음 1장 19~23절
	17일 12월 14일(화)	데살로니가전서 2장 1~12절
	18일 12월 15일(수)	데살로니가전서 3장 9~13절
	19일 12월 16일(목)	데살로니가전서 1장 2~4절, 데살로니가후서 1장 3~4절
	20일 12월 17일(금)	베드로전서 2장 1~5절
	21일 12월 18일(토)	베드로전서 4장 7~11절

대림절 넷째 주간	22일 12월 19일(주)	대림절 넷째 주일 설교
	23일 12월 20일(월)	누가복음 1장 34~38절
	24일 12월 21일(화)	마태복음 1장 18~25절
	25일 12월 22일(수)	누가복음 2장 8~14절
	26일 12월 23일(목)	누가복음 2장 15~20절
	27일 12월 24일(금)	마태복음 2장 9~12절
	28일 12월 25일(토)	성탄 축하 예배

대림절, 성탄절,
그리고 주현절과 재림 이해

4세기 무렵 동방교회를 중심으로 부활절과 오순절 다음으로 중요한 절기는 주현절이었습니다. 주현절은 1월 6일을 기점으로 사순절 전까지 4–9주간을 가리킵니다. 이 기간은 예수 그리스도의 탄생, 세례, 그리고 가나 혼인잔치의 첫 이적 사건과 깊은 연관이 있는데, 이 모든 사건은 하나님의 현현을 가르쳐 줍니다. 그러나 서방교회에서는 '의로운 태양'(말 4:2)이신 예수님께서 빛처럼 어두운 세상을 뚫고 들어오신 것을 더 강조하게 되었습니다. 그 결과 4세기 전반에 로마에서는 주현절로부터 예수 그리스도의 탄생을 기념하는 성탄절이 분화됩니다. 성탄절은 12월 25일 하루만 지키는 절기가 아니라 1월 6일(주현절) 전까지 12일간의 절기입니다. 그리고 8세기에 서방교회에서 성 안드레 기념일인 11월 30일이나 이 날에 가장 가까운 주일에서 시작하는 4주간의 대림절이 확정됐지만, 이미 주후 380년 스페인 사라고사(Saragosa)에서 열린 공의회는 "12월 17일부터 1월 6일 주현절까지 모두 교회에 가야 한다."고 선언하였습니다. 이 지역에서는 주현절에 세례가 행해졌고, 세례를 준비하는 기간으로 시작되었기 때문입니다. 오늘날에도 동방교회에서 주현절은 세례를 위한 절기입니다. 또한 4세기부터 7세기 사이에 서방교회를 중심으로 나타난 특징으로, 이미 오신 그리스도와 다시 오실 주님을 영접하기 위하여 자신을 준비하는 종말론적인 의미로 대림절을 이해하게 되었다는 것입니다.

오늘날 교회력의 두 중심축은 부활절을 중심으로 하는 부활절기(사순절–부활절–오순절)와 성탄절을 중심으로 하는 성찬절기(대림절–성탄절–주현절)로 이루어지게 되었습니다. 고린도전서 16장 22절 말씀과 초대 교회의 권위 있는 문서 중 하나인 『디다케』(Didache)에서 소개하고 있는 '마라나타'(Maranatha)는 두 가지로 해석됩니다. 하나는 '주께서 오셨다'이고 다른 하나는 '주여, 오시옵소서'입니다. 거룩한 빛의 절기인 성탄절기에 무엇보다 중요한 것은 이미 오셔서 우리 가운데 현재적으로 임재하고 계신 예수 그리스도에 대한 믿음과, 아직 오시지 않았지만, 분명히 다시 오실 주님을 기다리는 신앙입니다. 이것을 성결교회는 재림의 신앙이라 합니다. 재림의 신학적 조명 아래에서 불의한 세상 가운데 공의롭게 살아가며 다시 오실 예수 그리스도에 대한 소망은 꽃으로 피어납니다.

대림절 묵상 이렇게 하세요.

1. 조용한 곳에서 기도와 찬송으로 묵상 시작하기
2. 본문 말씀과 묵상내용을 읽고 묵상하기
3. 주일설교 말씀 요약정리하기
4. 매일 기도제목을 적고 기도하기

1

대림절 첫째 주간

전통적으로 대림절 첫째 주일에 이어지는 첫 주간은
메시야의 오심이 임박함을 강조하며,
구약의 메시야에 관한 예언의 말씀,
아기 예수의 오심과 심판 주로 다시 오심으로 이루어질
예언의 말씀을 읽습니다.
이번 첫 주간에는 예언자 이사야의 예언들을 읽습니다.

▎주일설교제목

▎성 경 본 문

▎묵상내용요약

나의 기도

웃시야 왕이 죽던 해에, 이사야가 성전으로 신년예배를 드리러 갔습니다. 의식 있는 유대 귀족 이사야에게 웃시야 왕의 서거는 모든 기대와 소망이 무너지는 충격적인 사건으로 이사야는 아무런 소망 없이 낙심한 채 신년예배에 참석했습니다.

그런데 성전 찬양대의 찬양 중에 하나님께서 이사야에게 놀라운 비전을 보여주십니다. 주께서 높이 들린 보좌에 앉으셨는데 그의 옷자락은 성전에 가득하였습니다. 높은 보좌에 앉으신 하나님은 그 권위가 절대적인 만왕의 왕이심을, 그분의 옷자락이 성전에 가득함은 그 권위와 능력이 온 땅에 충만함을 보여주는 것입니다. 웃시야 왕의 죽음으로 낙심한 이사야에게 하나님은 세상 왕의 권위와는 차원이 다른 절대적인 왕의 권위와 임재를 보여주셨습니다.

그리고 천사들이 여섯 날개로 날며 하나님을 모시고 있었습니다. 두 날개로는 얼굴을 가리고, 두 날개로는 발을 가리고, 두 날개로는 날고 있었습니다. 하나님을 가장 가까이서 모시는 천사들은 두 날개로 얼굴을 가려 자신을 내세우지 않고, 두 날개로 발

을 가려 자신의 추함을 드러내 보이지 않고, 그리고 두 날개로 땅에 속하지 않게 날며 온전히 하나님을 모시고 있었습니다. 하나님을 모시고 선 천사들은 하나님을 찬양합니다. "거룩하다 거룩하다 거룩하다 만군의 여호와여 그의 영광이 온 땅에 충만하도다." 천사들은 거룩하신 하나님께서 만군의 왕으로 좌정하셔서 그 영광이 온 땅에 충만함을 찬양합니다.

대림의 절기를 시작하는 우리에게 하나님께서는 온전히 거룩하신 왕으로 임하십니다. 우리는 상대적인 안목으로 세상을 보며 내 얼굴을 내미는 교만함이나 내 발을 드러내는 추함을 가리고, 지금 임하셔서 온 세상에 충만하게 역사하시는 거룩하신 만왕의 왕, 만군의 주 여호와를 뵙고 그분께 찬양을 올려드려야 합니다.

웃시야 왕이 죽던 해에 내가 본즉 주께서 높이 들린 보좌에 앉으셨는데 그의 옷 자락은 성전에 가득하였고 스랍들이 모시고 섰는데 각기 여섯 날개가 있어 그 둘로는 자기의 얼굴을 가리었고 그 둘로는 자기의 발을 가리었고 그 둘로는 날며 서로 불러 이르되 거룩하다 거룩하다 거룩하다 만군의 여호와여 그의 영광이 온 땅에 충만하도다 하더라 사 6:1~3

'이새의 줄기에서 한 싹이 나며 그 뿌리에서 한 가지가 나서 결실할 것이요'라고 다윗의 자손에서 메시야가 올 것을 예언한 이사야는 오실 메시야와 그가 다스릴 평화의 나라에 대해 전합니다.

먼저 메시야는 여호와의 영 곧 지혜와 총명의 영이요, 모략과 재능의 영이 임하여 하나님 통치를 이룰 것이며, 지식과 여호와를 경외하는 영이 임하여 그가 여호와를 경외함을 즐거움으로 삼을 것이며, 공의로 그의 허리띠를 삼으며 성실로 그의 몸의 띠를 삼아 그의 입의 막대기로 세상을 치며 그의 입술의 기운으로 악인을 죽일 것이며, 공의로 가난한 자를 심판하며 정직으로 세상의 겸손한 자를 판단할 것입니다. 이렇게 하나님의 영으로 하나님을 경외하며 하나님 통치를 이루며, 공의와 성실로 불의하고 악한 자를 심판하며, 가난한 자와 겸손한 자를 돌보는 정직하고 정의로운 통치를 실현할 때, 하늘의 평화와 안전이 실현될 것입니다.

그 때에 이리가 어린 양과 함께 살며 표범이 어린 염소와 함께 누우며 송아지와 어린 사자와 살진 짐승이 함께 있어 어린 아이에게 끌리며, 암소와 곰이 함께 먹으며 그것들의 새끼가 함께 엎드리며 사자가 소처럼 풀을 먹을 것이며, 젖 먹는 아이가 독사의 구멍에서 장난하며 젖 뗀 아이가 독사의 굴에 손을 넣을 것입니다. 강한 군주가 아닌 한 아이가 세상의 큰 자들과 함께 거하며 다스리고, 한 어린 아이가 세상의 해침과 죽음을 넘어서는 안전과 평화를 이루리라는 이 메시야의 예언은, 예수 그리스도의 탄생과 사역으로 온전히 이루어졌습니다.

대림의 절기를 시작하며, 우리는 다윗의 자손으로 이 땅에 오신 예수 그리스도의 탄생과 사역을 보며 더하여 다시 오셔서 이루실 영원한 하나님 나라의 온전한 평안과 평화를 비전으로 보며, 그분의 오심을 준비해야 합니다.

나의 기도

그 때에 이리가 어린 양과 함께 살며 표범이 어린 염소와 함께 누우며 송아지와 어린 사자와 살진 짐승이 함께 있어 어린 아이에게 끌리며 암소와 곰이 함께 먹으며 그것들의 새끼가 함께 엎드리며 사자가 소처럼 풀을 먹을 것이며 젖 먹는 아이가 독사의 구멍에서 장난하며 젖 뗀 어린 아이가 독사의 굴에 손을 넣을 것이라 내 거룩한 산 모든 곳에서 해 됨도 없고 상함도 없을 것이니 이는 물이 바다를 덮음 같이 여호와를 아는 지식이 세상에 충만할 것임이니라 사 11:6~9

나는 여호와 너희의 거룩한 이요 이스라엘의 창조자요 너희 왕이라고 선언하신 하나님은 너희는 이전 일을 기억하지 말며 옛적 일을 생각하지 말라고 하시며, "보라 내가 새 일을 행하리니 이제 나타낼 것이라"고 선포하십니다.

이전 일, 옛적 일은 바다 가운데 길을, 큰 물 가운데 지름길을 내고, 병거와 말과 군대의 용사를 이끌어 내어 그들을 일시에 엎드러져 일어나지 못하고 소멸하기를 꺼져가는 등불 같게 하였던 출애굽 구원의 역사입니다. 이는 전능하신 하나님의 놀라운 역사요 귀중한 체험인데, 하나님은 그것을 생각하지 말라고 하십니다. 지금 이스라엘 백성은 포로의 고통스러운 상황에 부닥쳐습니다. 그들에게 필요한 것은 옛일이나 되뇌면서 그때가 좋았다고 회한에 잠기는 것이 아니라 새로운 구원의 역사입니다. 그러기에 하나님께서는 "보라 내가 새 일을 행하리니 이제 나타낼 것이라"고 선포하십니다.

하나님은 반드시 내가 광야에 길과 사막에 강을 내리니, 내가 광야에 물을, 사막에 강들을 내어 내 백성, 나의 택한 자에게 마시게 할, 새 일을 행하리라고 하십니다. 홍해는 길이 없어서 하나님께서 바다에 길을 내셔야 했지만, 사막은 어디나 다 길이어서 바른길이 필요합니다. 하나님께서는 사막에 길을 내시고, 또 강들을 내어, 하나님의 백성과 택한 자들에게 생수를 마시게 하는 새 일을 행하신다고 하십니다. 이 새 일을 행하여 나타날 때, 하나님의 지음을 받고 택함을 받아 그 은혜를 아는 백성이 나를 찬송하게 되리라고 선언하십니다.

대림의 절기를 시작하며, 우리는 새 일을 보아야 합니다. 하나님은 우리가 이전에 체험하고 기억하는 옛일을 넘어서서, 지금 새 일을 시작하십니다. 홍해를 건너게 하신 하나님이 지금 광야와 사막에서 새 일을 행하심을 보아야 합니다. 하나님이 내신 강물을 마시며, 하나님이 내신 길로 걸으며, 우리는 온전히 하나님께 찬송으로 영광을 올려야 합니다.

너희의 구속자요 이스라엘의 거룩한 이 여호와가 말하노라 너희를 위하여 내가 바벨론에 사람을 보내어 모든 갈대아 사람에게 자기들이 연락하던 배를 타고 도망하여 내려가게 하리라 나는 여호와 너희의 거룩한 이요 이스라엘의 창조자요 너희의 왕이니라 나 여호와가 이같이 말하노라 바다 가운데에 길을, 큰 물 가운데에 지름길을 내고 병거와 말과 군대의 용사를 이끌어 내어 그들이 일시에 엎드러져 일어나지 못하고 소멸하기를 꺼져가는 등불 같게 하였느니라 너희는 이전 일을 기억하지 말며 옛날 일을 생각하지 말라 보라 내가 새 일을 행하리니 이제 나타낼 것이라 너희가 그것을 알지 못하겠느냐 반드시 내가 광야에 길을 사막에 강을 내리니 장차 들짐승 곧 승냥이와 타조도 나를 존경할 것은 내가 광야에 물을, 사막에 강들을 내어 내 백성, 내가 택한 자에게 마시게 할 것임이라 이 백성은 내가 나를 위하여 지었나니 나를 찬송하게 하려 함이니라 사 43:14~21

이사야가 전하는 메시야는 유대 백성의 기대와는 전혀 다른 모습이었습니다. 그는 주 앞에서 자라기를 연한 순 같고 마른 땅에서 나온 뿌리 같습니다. 지금 무언가를 빨아들이고 있는 어린 순, 마른 땅 위로 삐쭉 튀어나온 뿌리 같아서, 고운 모양도 없고 풍채도 없는 즉 우리가 보기에 흠모할 만한 아름다운 것이 없어서, 오히려 뽑아 버리고 잘라 버려야 할 것 같습니다.

그래서 그는 멸시를 받아 사람들에게 버림받았으며 간고를 많이 겪었으며, 마치 사람들이 그에게서 얼굴을 가리는 것 같이 멸시를 당하였고, 우리도 그를 귀히 여기지 아니하였습니다. 그는 이렇게 우리에게 멸시와 버림을 받고 간고를 겪어서 질고를 아는 자입니다. 그런데 우리는 생각하기를 그가 징벌을 받아 하나님께 맞으며 고난을 당한다 하였는데, 사실은 우리의 질고를 지고 우리의 슬픔을 당하였던 것입니다.

그가 찔림은 우리의 허물 때문이요 그가 상함은 우리의 죄악 때문이라 그가 징계를 받으므로 우리는 평화를 누리고 그가 채찍에 맞으므로 우리가 나음을 받았습니다. 그가 몸이 상하고 찔려 죽음은 우리의 허물과 죄악을 대신하여 징계를 받고 채찍에 맞은 것으로, 우리는 이로 평화를 누리고 나았습니다. 우리는 다 양 같아서 그릇 행하여 각기 제 길로 갔거늘 여호와께서는 우리 모두의 죄악을 그에게 담당시키셨습니다. 우리가 양 같이 저만 알고 제 길만 가며 그릇 행하였는데, 하나님은 우리의 이 모든 죄악을 그에게 담당시키셨습니다.

여호와 구원의 팔은, 고운 모양도 풍채도 외적인 아름다움도 없어 다른 사람들에게 버림받고 멸시받았습니다. 하나님의 구원 역사는 그의 상함과 찔림으로 나타났습니다. 우리는 그가 징벌을 받고 고난을 겪는다고 생각하며, 내 생각대로 내 길만을 갔는데, 바로 그런 우리의 허물과 죄악을 그가 상함과 찔림으로 대신하셔서, 우리가 평안과 나음을 입은 것입니다. 우리는 지금 그의 대속의 은혜 안에서 대림의 절기를 지내야 합니다.

우리가 전한 것을 누가 믿었느냐 여호와의 팔이 누구에게 나타났느냐 그는 주 앞에서 자라나기를 연한 순 같고 마른 땅에서 나온 뿌리 같아서 고운 모양도 없고 풍채도 없은즉 우리가 보기에 흠모할 만한 아름다운 것이 없도다 그는 멸시를 받아 사람들에게 버림 받았으며 간고를 많이 겪었으며 질고를 아는 자라 마치 사람들이 그에게서 얼굴을 가리는 것 같이 멸시를 당하였고 우리도 그를 귀히 여기지 아니하였도다 그는 실로 우리의 질고를 지고 우리의 슬픔을 당하였거늘 우리는 생각하기를 그는 징벌을 받아 하나님께 맞으며 고난을 당한다 하였노라 그가 찔림은 우리의 허물 때문이요 그가 상함은 우리의 죄악 때문이라 그가 징계를 받으므로 우리는 평화를 누리고 그가 채찍에 맞으므로 우리는 나음을 받았도다 우리는 다 양 같아서 그릇 행하여 각기 제 길로 갔거늘 여호와께서는 우리 모두의 죄악을 그에게 담당시키셨도다 사 53:1~6

하나님은 "너희 목마른 자들아 물로 나아오라. 돈 없는 자도 오라. 너희는 와서 사 먹되 돈 없이, 값없이 포도주와 젖을 사라"라고 놀라운 초대의 말씀을 선포하십니다. 이는 메시야로 이루어질 새로운 하나님 나라 통치로의 초대입니다.

하나님은 분명하게 지적하십니다. 너희가 어찌하여 양식 아닌 것을 위하여 은을 달아주며 배부르게 못할 것을 위하여 수고하느냐. 하나님이 보실 때, 우리의 생각과 수고는 양식 아닌 것, 배부르게 못할 것을 향하고 있습니다. 은을 달아 주며, 돈 없는 자도 오라는 구절에서 알 수 있듯이, 우리들의 생각과 수고는 오직 돈을 향하고 있습니다. 사람들의 생명이나 기본권은 뒤에 두고, 오직 돈을 버는 일에만 전력을 다하고, 오직 돈의 가치로 모든 것을 평가합니다. 그러기에 그 뒤편 그림자 안에 목마른 자, 돈 없는 자는 늘어갑니다.

이런 인간들을 향해, 하나님은 "너희 목마른 자들아 물로 나아오라 돈 없는 자도 오라 너희는 와서 사 먹되 돈 없이, 값없이 포도주와 젖을 사라"라고 선포하십니다.

하나님은 돈보다 사람의 생명을 중요시합니다. 하나님은 목이 마른다면 돈이 있건 없건 물가에 와서 물을 마시게 하십니다. 돈만 아는 인간들을 향해 "와서 사 먹어라. 그런데 돈 없이 사 먹어라."라고 조소합니다. 그리고 물만 먹어도 황송한 사람에게 포도주와 우유까지도 거저 주시겠다고 하십니다. 이것이 하나님의 생각과 길입니다. 하나님의 이런 높은 생각과 길은, 한마디로 은혜, 곧 다윗에게 허락한 확실한 은혜입니다.

대림의 절기를 지나며, 우리는 예수님의 오심으로 이루어질 하나님 나라의 은혜를 보아야 합니다. 세상의 물질과 계산과 경쟁 위주의 방식을 넘어서는 은혜의 통치를 보아야 합니다. 그리고 그 은혜 안에서 바르게 분별하고 바르게 일하는 신앙인의 삶을 살아야 합니다.

오호라 너희 모든 목마른 자들아 물로 나아오라 돈 없는 자도 오라 너희는 와서 사 먹되 돈 없이, 값 없이 와서 포도주와 젖을 사라 너희가 어찌하여 양식이 아닌 것을 위하여 은을 달아 주며 배부르게 하지 못할 것을 위하여 수고하느냐 내게 듣고 들을지어다 그리하면 너희가 좋은 것을 먹을 것이며 너희 자신들이 기름진 것으로 즐거움을 얻으리라 너희는 귀를 기울이고 내게로 나아와 들으라 그리하면 너희의 영혼이 살리라 내가 너희를 위하여 영원한 언약을 맺으리니 곧 다윗에게 허락한 확실한 은혜이니라 사 55:1~3

예수께서는 "회개하라 천국이 가까이 왔느니라"라는 첫 선포와 함께 공생애 사역을 시작하셨습니다. 누가는 이 선포를 예수께서 나사렛 회당에서 이사야 61장의 예언을 읽으며 이 글이 오늘 너희 귀에 응하였느니라고 선언하심으로 소개합니다.

예수 그리스도의 선포와 사역으로 온전히 이루어진 이사야 61장의 예언은 메시야 됨과 그 사역을 선포합니다. 먼저 주 여호와의 영이 내게 내리셨으니, 이는 여호와께서 내게 기름을 부으사 가난한 자에게 아름다운 소식을 전하게 하려 하심이라고 합니다. 이는 모든 가난한 자에게 아름다운 소식을 선포함으로 이룰 하나님 나라 사역을 위한 성령의 임재와 능력을 말합니다.

나를 보내사라고 하심은 메시야로 감당할 사역이 있음을 보여줍니다. "마음이 상한 자를 고치며, 포로된 자에게 자유를, 갇힌 자에게 놓임을 선포하며, 여호와의 은혜의 해와 우리 하나님의 보복의 날을 선포하여 모든 슬픈 자를 위로할 것이라." 메시야의 선언은 지금 말씀이 성취되었음을 보여줍니다. 아름다운 소식은 실제로 마음이 상한 자를 고치며, 포로된 자에게 자유를 주고, 갇힌 자를 놓아줌을 의미합니다. 이 글이 오늘 너희 귀에 응하였느니라고 선언하심으로, 예수님은 고치시고 풀어주시고 놓아주시는 하나님 나라의 통치를 시작하셨습니다.

이런 메시야의 사역 중에 특별히 여호와의 은혜의 해를 선포하여 슬픈 자를 위로하심을 강조하여 이렇게 선포합니다. "무릇 시온에서 슬퍼하는 자에게 화관을 주어 그 재를 대신하며, 기쁨의 기름으로 그 슬픔을 대신하며, 찬송의 옷으로 그 근심을 대신하시고, 그들이 의의 나무 곧 여호와께서 심으신 그 영광을 나타낼 자라 일컬음을 받게 하려 하심이라." 시온에서 재를 뒤집어쓰고 근심하며 슬퍼하면서 메시야 오심을 기다리던 이들에게, 메시야이신 예수님은 하나님의 은혜의 해가 시작됨을 선포하며, 기쁨의 기름을 발라주고 화관을 씌워주고 찬송의 옷을 입혀서, 하나님의 의와 영광을 나타내는 나무로 자라게 하실 것입니다. 이것이 대림의 절기에 우리가 보아야 할 은혜입니다.

나의 기도

주 여호와의 영이 내게 내리셨으니 이는 여호와께서 내게 기름을 부으사 가난한 자에게 아름다운 소식을 전하게 하려 하심이라 나를 보내사 마음이 상한 자를 고치며 포로된 자에게 자유를, 갇힌 자에게 놓임을 선포하며 여호와의 은혜의 해와 우리 하나님의 보복의 날을 선포하여 모든 슬픈 자를 위로하되 무릇 시온에서 슬퍼하는 자에게 화관을 주어 그 재를 대신하며 기쁨의 기름으로 그 슬픔을 대신하며 찬송의 옷으로 그 근심을 대신하시고 그들이 의의 나무 곧 여호와께서 심으신 그 영광을 나타낼 자라 일컬음을 받게 하려 하심이라 사 61:1~3

2

대림절 둘째 주간

전통적으로 대림절 둘째 주일에는
세례 요한의 경고와 속죄 선포의 말씀을 읽고,
우리의 부족함과 연약함을 돌아보며 회개하는 마음으로
아기 예수의 오심과 심판 주로 다시 오심을 준비합니다.
이번 둘째 주간에는 요한계시록에 나오는 성령께서
교회에 주시는 경고와 회개의 말씀을 읽습니다.

▎주일설교제목

▎성 경 본 문

▎묵상내용요약

나의 기도

오른손에 있는 일곱 별을 붙잡고 일곱 금 촛대 사이를 거니시는 주께서 에베소 교회를 칭찬하십니다. 내가 네 행위와 수고와 네 인내를 알고, 또 악한 자들을 용납하지 아니한 것과 자칭 사도라 하되 아닌 자들을 시험하여 그의 거짓된 것을 네가 드러낸 것과 또 네가 참고 내 이름을 위하여 게으르지 아니한 것 그리고 니골라 당의 행위를 미워하는 것을 다 안다고 하십니다. 주께서 에베소 교회가 악한 것과 거짓 교사들의 거짓된 가르침을 밝혀 용납하지 않고 주의 이름을 위해 참고 성실히 일한 것을 칭찬하십니다.

그런데 칭찬 후에 이어서 책망을 하십니다. "너를 책망할 것이 있으니, 너의 처음 사랑을 버렸느니라." 에베소 교회는 사도 바울이 3년 가까이 말씀을 전하며 세운 교회이고, 사도 요한이 마지막 사역을 한 교회입니다. 그러기에 어느 교회보다도 말씀과 교리가 단단히 세워진 교회입니다. 어느 도시보다도 정치·경제·종교적으로 다양한 세력이 있던 에베소에서 말씀과 교리를 지키기는 쉽지 않았기에, 에베소 교인들은 바른 교리 위에서 인내하며 교회를 지켜왔습니다.

이렇게 잘못된 교리와 교사들을 대항하는 기반과 벽을 쌓는 일에 힘쓰다 보니, 처음 예수 그리스도의 복음을 듣고 그 마음을 새롭게 한 처음 사랑이 사라지고 말았습니다. 새 생명을 얻는 기쁨, 자발적으로 하나님께 가까이하려는 마음, 날마다 새롭게 일하는 열정 등 처음 사랑을 잃고, 교리적이고 엄격하고 도덕적이고 제도적인 교회로 굳어져 있었습니다. 성령께서는 다시 처음 사랑을 잃었음을 지적하며, 어디서 떨어졌는지를 생각하고 회개하여 처음 행위를 가지라고, 처음 사랑을 회복할 것을 권면하고 있습니다.

아기 예수의 오심을 준비하는 대림의 절기와 함께 새로운 한 해 사역을 시작함에 우리는 성령께서 주시는 이 음성, 어디서 떨어졌는지를 생각하고 회개하여 처음 사랑을 회복하라는 음성을 들어야 합니다. 어려운 시절 교리와 교회를 지킨다고 우리도 모르는 사이에 굳어진 마음과 제도 안에서의 행위의 단단함을 회개하고, 아기 예수의 오심을 기쁨으로 준비하는 순수하고 부드러운 사랑으로 성탄을 준비해야 합니다. 그렇게 새로운 사랑의 마음으로 새 사역을 시작해야 합니다.

나의 기도

에베소 교회의 사자에게 편지하라 오른손에 있는 일곱 별을 붙잡고 일곱 금 촛
대 사이를 거니시는 이가 이르시되 내가 네 행위와 수고와 네 인내를 알고 또 악한
자들을 용납하지 아니한 것과 자칭 사도라 하되 아닌 자들을 시험하여 그의 거짓
된 것을 네가 드러낸 것과 또 네가 참고 내 이름을 위하여 견디고 게으르지 아니한
것을 아노라 그러나 너를 책망할 것이 있나니 너의 처음 사랑을 버렸느니라 그러
므로 어디서 떨어졌는지를 생각하고 회개하여 처음 행위를 가지라 만일 그리하지
아니하고 회개하지 아니하면 내가 네게 가서 네 촛대를 그 자리에서 옮기리라 오
직 네게 이것이 있으니 네가 니골라당의 행위를 미워하는도다 나도 이것을 미워하
노라 귀 있는 자는 성령이 교회들에게 하시는 말씀을 들을지어다 이기는 그에게는
내가 하나님의 낙원에 있는 생명나무의 열매를 주어 먹게 하리라 계 2:1~7

처음이며 마지막이요 죽었다가 살아나신 주께서 서머나 교회를 격려하십니다. "내가 네 환난과 궁핍을 알거니와 실상은 네가 부요한 자니라." 서머나 교회는 가난한 성도들이 모인 궁핍한 교회였고, 또 심한 박해로 환난을 겪고 있었습니다. 주님은 서머나 성도들을 위로하시면서, 남들이 너희를 가난한 자로 여길지라도, 실상은 네가 부요한 자라고 선언하십니다.

사람의 눈에 보이는 것이 실상이 아니라, 처음이며 마지막이요 죽었다가 살아나신 주께서 보시고 아는 것이 실상입니다. 지금 외적으로 가난하고 신앙적으로 고난을 겪고 있어서, 다른 사람들이 보기에는 가난한 자이지만, 주님이 박해와 환난을 넘어선 부활의 은혜로 함께 하시기에 그들은 부요한 자입니다.

지금 서머나 교회가 겪는 환난은 자칭 유대인들의 비방으로 오는 것인데, 그들은 실상 유대인이 아니요 사탄의 회당입니다. 교회를 박해하는 유대인들은 장사를 위해서 이방인들과 한통속이 되어서 우상 숭배, 황제 숭배를 인정하며, 그들의 앞잡이로 교회를 핍박합니다. 그러므로 그들은 유대인이 아니라 사탄의 회당인 것이고, 그들은 분명히 처음이요 마지막이신 주님의 심판을 받고 멸망할 것입니다.

그러기에 서머나 교회는 장차 받을 고난을 두려워하지 말고, 지금 그 신앙대로 살아야 합니다. 주님은 '네가 죽도록 충성하라 그리하면 내가 생명의 관을 네게 주리라'고 선언하십니다. 네가 죽도록 충성하라 함은, 네가 설령 죽더라도 지금 그 신앙을 신실하게 지키라는 말씀입니다. 그 신앙을 그대로 신실하게 지키라면, 죽임을 당하더라도 죽었다가 다시 사신 주께서 생명의 관을 주시겠다고, 결단코 둘째 사망의 해를 받지 않고 영생의 축복을 누릴 약속을 하시는 것입니다.

예수님의 오심을 대망하는 대림의 절기를 지나면서, 지금 어려운 시절을 지난다는 것이 핑계가 되어서 우리의 심령과 삶이 신실함을 잃은 것은 아닌지 돌아보아야 합니다. 부활하신 주께서 재림의 주로 다시 오셔서 이루실 영원한 하나님의 나라를 소망하는 성도는 어떤 처지와 환경에서도 신실하고 충성스럽게 신앙의 부요함으로 살아갑니다.

나의 기도

서머나 교회의 사자에게 편지하라 처음이며 마지막이요 죽었다가 살아나신 이 가 이르시되 내가 네 환난과 궁핍을 알거니와 실상은 네가 부요한 자니라 자칭 유 대인이라 하는 자들의 비방도 알거니와 실상은 유대인이 아니요 사탄의 회당이 라 너는 장차 받을 고난을 두려워하지 말라 볼지어다 마귀가 장차 너희 가운데에 서 몇 사람을 옥에 던져 시험을 받게 하리니 너희가 십 일 동안 환난을 받으리라 네가 죽도록 충성하라 그리하면 내가 생명의 관을 네게 주리라 귀 있는 자는 성령 이 교회들에게 하시는 말씀을 들을지어다 이기는 자는 둘째 사망의 해를 받지 아 니하리라 계 2:8~11

좌우에 날 선 검을 가지신 주께서 버가모 교회를 '네가 어디 사는지를 내가 아노니 거기는 사탄의 권좌가 있는 데라. 네가 내 이름을 굳게 잡아서 내 충성된 증인 안디바가 너희 가운데, 곧 사탄이 사는 곳에서 죽임을 당할 때에도 나를 믿는 믿음을 저버리지 아니하였도다'라고 칭찬하십니다.

하지만 이어 '네게 두어 가지 책망할 것이 있나니 거기 네게 발람의 교훈을 지키는 자들이 있도다. 발람이 발락을 가르쳐 이스라엘 자손 앞에 걸림돌을 놓아 우상의 제물을 먹게 하였고 또 행음하게 하였느니라. 이와 같이 네게도 니골라 당의 교훈을 지키는 자들이 있도다'라고 책망하십니다.

버가모는 소아시아의 수도이며 그리스와 동방 문화의 중심지였습니다. 주께서 사탄의 권좌라 하실 만큼 황제 숭배의 중심지였습니다. 버가모 교회는 이런 상황에서 안디바가 순교하는 박해가 있어도 믿음을 저버리지 않았기에 칭찬을 받았습니다. 하지만 발람의 가르침을 따라 우상의 제물을 먹고, 행음한 이스라엘 자손처럼 니골라 당의 가르침을 배워 우상 제사 음식을 먹고 성적으로 부도덕한 행동을 하는 것을 묵인하였습니다. 이는 교리의 문제가 아니고 세상과 타협하는 관행의 문제였습니다.

좌우의 날선 검을 가지신 주께서는 그들에게 "그러므로 회개하라, 내가 네게 속히 가서 내 입의 검으로 그들과 싸우리라" 하시며, "이기는 그에게는 내가 감추었던 만나를 주고 또 새 이름이 기록된 흰 돌을 주리라"고 하십니다. 주께서 좌우의 날선 검, 입의 검인 말씀을 의지하여 회개하라고 촉구하십니다. 그리고 말씀의 검으로 이기는 이에게는 우상의 제물이 아닌 영생하는 하늘의 양식을 주시고 새로운 인격을 거듭나서 영생케 하시겠다고 선언하십니다.

대림의 절기를 지나며, 우리는 좌우의 날이 선 하나님의 말씀으로, 세상을 닮은 작은 행실이 쌓여져서 우리의 습관이나 관행이 되어 굳어지지는 않았는지, 우리가 바른 믿음 위에서 바른 행실로 살아가고 있는지 돌아보아야 합니다.

나의 기도

버가모 교회의 사자에게 편지하라 좌우에 날선 검을 가지신 이가 이르시되 네가 어디에 사는지를 내가 아노니 거기는 사탄의 권좌가 있는 데라 네가 내 이름을 굳게 잡아서 내 충성된 증인 안디바가 너희 가운데 곧 사탄이 사는 곳에서 죽임을 당할 때에도 나를 믿는 믿음을 저버리지 아니하였도다 그러나 네게 두어 가지 책망할 것이 있나니 거기 네게 발람의 교훈을 지키는 자들이 있도다 발람이 발락을 가르쳐 이스라엘 자손 앞에 걸림돌을 놓아 우상의 제물을 먹게 하였고 또 행음하게 하였느니라 이와 같이 네게도 니골라 당의 교훈을 지키는 자들이 있도다 그러므로 회개하라 그리하지 아니하면 내가 네게 속히 가서 내 입의 검으로 그들과 싸우리라 귀 있는 자는 성령이 교회들에게 하시는 말씀을 들을지어다 이기는 그에게는 내가 감추었던 만나를 주고 또 흰 돌을 줄 터인데 그 돌 위에 새 이름을 기록한 것이 있나니 받는 자 밖에는 그 이름을 알 사람이 없느니라 계 2:12~17

그 눈이 불꽃 같고 그 발이 빛난 주석과 같은 하나님의 아들이신 주께서 두아디라 교회를 칭찬하십니다. "내가 네 사업과 사랑과 믿음과 섬김과 인내를 아노니 네 나중 행위가 처음 것보다 많도다." 하지만 이내 이렇게 책망하십니다. "그러나 네게 책망할 일이 있노라. 자칭 선지자라 하는 여자 이세벨을 네가 용납함이니 그가 내 종들을 가르쳐 꾀어 행음하게 하고 우상의 제물을 먹게 하는도다."

두아디라 교회는 사업, 사랑, 믿음, 섬김, 인내로 처음보다 나중 행위가 더 많았습니다. 외적으로 잘 성장했습니다. 이는 칭찬받을 만한 일이지만, 문제가 있었습니다. 예수께서는 사업을 먼저 말씀하시고, 그게 많다고 하십니다. 제빵, 제혁, 제화, 염색, 구리 세공 등 다양한 사업이 조합을 이루어 활발하게 활동하던 두아디라에 세워진 교회는 세상의 기준, 즉 사업처럼 많음을 위해서라면 이것저것 받아들였습니다. 그 중에 역설적으로 이세벨의 거짓 영성, 즉 영적인 영지주의와 신비주의의 가르침도 있어서 신비한 영성과 부도덕한 성적 행위로 성도들을 유혹했습니다.

사업처럼 많아진다면 무엇이든 받아들이는 두아디라 교회에게 그 눈이 불꽃같고 그 발이 빛난 주석과 같은 하나님의 아들 예수께서 말씀하십니다. "나는 사람의 뜻과 마음을 살피는 자인 줄 알지니, 내가 너희 각 사람의 행위대로 갚아 주리라." 주께서 사람의 행위를 보시되, 그 사람의 뜻과 마음을 살피고 그 행위를 보시며 그대로 갚아주신다고 하십니다. 빛나는 주석과 같은 발로 서서 불꽃 같은 눈으로 그 뜻과 마음을 분명히 보시고 갚아주시겠다고 하십니다. 그러면서 다만 너희에게 있는 것을 내가 올 때까지 굳게 잡으라고 하십니다. 사업처럼 많아지고 커지려고 이것저것 들여오지 말고, 지금 있는 것, 사랑과 믿음과 섬김과 인내를 주님이 다시 오실 때까지 굳게 잡고 지키라고 하십니다.

주께서 다시 오심을 기다리면서, 우리는 행여 세상적인 사업의 기준으로 교회와 사역을 보고 이것저것 들여와서 커지고 많아진 것을 자랑하고 있는 것은 아닌지, 정말 사랑과 믿음과 섬김과 인내로 예수 그리스도의 진리를 온전히 따르고 있는지 돌아보아야 할 것입니다.

나의 기도

두아디라 교회의 사자에게 편지하라 그 눈이 불꽃 같고 그 발이 빛난 주석과 같은 하나님의 아들이 이르시되 내가 네 사업과 사랑과 믿음과 섬김과 인내를 아노니 네 나중 행위가 처음 것보다 많도다 그러나 네게 책망할 일이 있노라 자칭 선지자라 하는 여자 이세벨을 네가 용납함이니 그가 내 종들을 가르쳐 꾀어 행음하게 하고 우상의 제물을 먹게 하는도다 또 내가 그에게 회개할 기회를 주었으되 자기의 음행을 회개하고자 하지 아니하는도다 볼지어다 내가 그를 침상에 던질 터이요 또 그와 더불어 간음하는 자들도 만일 그의 행위를 회개하지 아니하면 큰 환난 가운데에 던지고 또 내가 사망으로 그의 자녀를 죽이리니 모든 교회가 나는 사람의 뜻과 마음을 살피는 자인 줄 알지라 내가 너희 각 사람의 행위대로 갚아 주리라 두아디라에 남아 있어 이 교훈을 받지 아니하고 소위 사탄의 깊은 것을 알지 못하는 너희에게 말하노니 다른 짐으로 너희에게 지울 것은 없노라 다만 너희에게 있는 것을 내가 올 때까지 굳게 잡으라 이기는 자와 끝까지 내 일을 지키는 그에게 만국을 다스리는 권세를 주리니 그가 철장을 가지고 그들을 다스려 질그릇 깨뜨리는 것과 같이 하리라 나도 내 아버지께 받은 것이 그러하니라 내가 또 그에게 새벽 별을 주리라 귀 있는 자는 성령이 교회들에게 하시는 말씀을 들을지어다 계 2:18~29

하나님의 일곱 영과 일곱 별을 가지신 주께서 사데 교회를 혹독하게 책망하십니다. "내가 네 행위를 아노니 네가 살았다 하는 이름은 가졌으나 죽은 자로다."

네가 살았다 하는 이름은 가졌으니, 사데 교회는 분명히 외적으로 보기에는 교회로 서 있습니다. 하지만 살아있는 교회로서 움직임이 전혀 없어서 죽은 자라고 책망을 받습니다. 이는 예수 그리스도의 구속 공로로 외적으로는 법적으로 칭의의 은혜를 받았고, 하나님 아들의 옷을 입었으니, 그 후로 성화의 길을 걷는 모임으로 발전하고 있어야 하는데, 전혀 그런 행위가 없다는 것입니다. 그래서 내 하나님 앞에서 네 행위의 온전한 것을 찾지 못하였다고 책망을 받습니다. 이런 사데 교회를 향해서 주님은 '네가 어떻게 받았으며 어떻게 들었는지 생각하고 지켜 회개하라'라고 하시며 '네가 일깨어 그 남은 바 죽게 된 것을 굳건하게 하라'고 하십니다. 지금 죽은 자 같은 교회에게 주께서 명하시는 회개는 전에 들어 받은 것을 다시 기억하고, 다시 일깨어, 지켜 행하고, 굳건하게 하는 것입니다. 그것이 다시 '살아남' 입니다.

그리고 비록 죽은 자 같은 교회지만, 그 옷을 더럽히지 아니한 자 몇 명이 네게 있어 흰 옷을 입고 나와 함께 다니고 있으니, 그들과 함께 다시 시작하라고 하십니다. 그리고 그들과 같이 그 길을 걸으며 바르게 행하는 이기는 자는 이와 같이 흰옷을 입을 것이며 내가 그 이름을 생명책에서 결코 지우지 아니하고 그 이름을 내 아버지 앞과 그의 천사들 앞에서 시인하리라는 약속을 소망하며, 그들과 함께 다시 나와 함께 교회의 길, 성화의 길을 걸어 죽음을 넘어선 영원한 생명에 이르라고 하십니다.

대림의 절기를 지나며, 우리가 어려움을 핑계로 죽은 채로 그냥 이름만 있는 모습으로 지나고 있는 것은 아닌지 살펴보십시오. 죄 사함을 받고 하나님의 자녀로 새로운 옷을 입었는데 죽은 것처럼 지내거나, 주님의 오심을 기다린다고 읊조리고만 있는 것은 아닌지 돌아보고, 받은 은혜를 다시 기억하고 일깨워 지켜 행하며 굳건하게 하여 주님의 오심을 온전히 기다려야 할 것입니다.

나의 기도

사데 교회의 사자에게 편지하라 하나님의 일곱 영과 일곱 별을 가지신 이가 이르시되 내가 네 행위를 아노니 네가 살았다 하는 이름은 가졌으나 죽은 자로다 너는 일깨어 그 남은 바 죽게 된 것을 굳건하게 하라 내 하나님 앞에 네 행위의 온전한 것을 찾지 못하였노니 그러므로 네가 어떻게 받았으며 어떻게 들었는지 생각하고 지켜 회개하라 만일 일깨지 아니하면 내가 도둑 같이 이르리니 어느 때에 네게 이를는지 네가 알지 못하리라 그러나 사데에 그 옷을 더럽히지 아니한 자 몇 명이 네게 있어 흰 옷을 입고 나와 함께 다니리니 그들은 합당한 자인 연고라 이기는 자는 이와 같이 흰 옷을 입을 것이요 내가 그 이름을 생명책에서 결코 지우지 아니하고 그 이름을 내 아버지 앞과 그의 천사들 앞에서 시인하리라 귀 있는 자는 성령이 교회들에게 하시는 말씀을 들을지어다 계 3:1~6

아멘이시요 충성되고 참된 증인이시요 하나님의 창조의 근본이신 주께서 라오디게아 교회를 책망하십니다. "내가 네 행위를 아노니 네가 차지도 아니하고 뜨겁지도 아니하도다. 네가 차든지 뜨겁든지 하기를 원하노라. 네가 이같이 미지근하여 뜨겁지도 아니하고 차지도 아니하니 내 입에서 너를 토하여 버리리라." 실상은 죽은 자라고 사데 교회를 책망하신 것만큼이나, 심하게 라오디게아 교회를 향해 토해 버리리라고 책망하십니다.

두 번의 큰 지진을 외부 도움 없이 복구할 만큼 부요한 도시인 라오디게아는 북쪽 히에라폴리스에서 뜨거운 온천물을, 서쪽 골로새에서 맑고 차가운 생수를 끌어다 먹었습니다. 하지만 뜨거운 온천물도, 차가운 생수도 라오디게아에 도착했을 때는 미지근하여 먹기가 거북했고, 이를 빗대어 주께서 그들의 신앙의 미지근함을 책망하신 것입니다.

부요한 도시에 세워진 라오디게아 교회는 스스로 부요하여 부족한 것이 없이 살아가는 부자라 여기고 있었는데, 주님은 '네 곤고한 것과 가련한 것과 가난한 것과 눈 먼 것과 벌거벗을 것을 알지 못한다'라며 지적하십니다. 스스로 부요하다고 여기며 감싸고 감추고 사는 것은, 눈이 멀어 벌거벗은 것을 보지 못하는 가난하고 가련하고 곤고한 것입니다.

창조의 근원이신 주님은 그들을 사랑하셔서 열심을 내어 회개하라고 하십니다. "불로 연단한 금을 사서 부요하게 하라고 하십니다." 이것저것 적당히 쌓아 놓은 것은 불살라 버리고 그 불로 연단한 순금으로, 순수하고 온전한 진리의 행함으로 부요하라고 하십니다.

그리고 "볼지어다 내가 문밖에 서서 두드리노니 누구든지 내 음성을 듣고 문을 열면 내가 그에게로 들어가 그와 더불어 먹고 그는 나와 더불어 먹으리라"라고 하십니다. 헨리 나우엔은 하나님의 사랑을 받는 자를 첫째는 선택받은 자, 둘째는 축복받은 자, 셋째는 상처받은 자, 그리고 넷째는 나누어주는 자라고 했는데, 하나님의 온전한 사랑을 받는 자는 문을 열어 더불어 먹고 함께 나누어주는 자입니다.

대림의 절기를 지나며, 행여 우리가 이것저것 쌓아 놓고 혼자 먹고 즐기며 부요하다 여기는 것은 아닌지 돌아보고, 스스로 문을 열어 주님을 모시고 더불어 먹으며 진정으로 부요한 삶을 살아야 할 것입니다.

나의 기도

라오디게아 교회의 사자에게 편지하라 아멘이시요 충성되고 참된 증인이시요 하나님의 창조의 근본이신 이가 이르시되 내가 네 행위를 아노니 네가 차지도 아니하고 뜨겁지도 아니하도다 네가 차든지 뜨겁든지 하기를 원하노라 네가 이같이 미지근하여 뜨겁지도 아니하고 차지도 아니하니 내 입에서 너를 토하여 버리리라 네가 말하기를 나는 부자라 부요하여 부족한 것이 없다 하나 네 곤고한 것과 가련한 것과 가난한 것과 눈 먼 것과 벌거벗은 것을 알지 못하는도다 내가 너를 권하노니 내게서 불로 연단한 금을 사서 부요하게 하고 흰 옷을 사서 입어 벌거벗은 수치를 보이지 않게 하고 안약을 사서 눈에 발라 보게 하라 무릇 내가 사랑하는 자를 책망하여 징계하노니 그러므로 네가 열심을 내라 회개하라 볼지어다 내가 문 밖에 서서 두드리노니 누구든지 내 음성을 듣고 문을 열면 내가 그에게로 들어가 그와 더불어 먹고 그는 나와 더불어 먹으리라 이기는 그에게는 내가 내 보좌에 함께 앉게 하여 주기를 내가 이기고 아버지 보좌에 함께 앉은 것과 같이 하리라 귀 있는 자는 성령이 교회들에게 하시는 말씀을 들을지어다 계 3:14~22

필사노트

3

대림절 셋째 주간

전통적으로 대림절 셋째 주일에는
아기 예수의 탄생을 기쁨으로 준비함을 말씀으로 나눕니다.
이어지는 한 주간은 아기 예수의 탄생을 기뻐하며,
그리스도의 다시 오심으로 온전히 이루어질 하나님 나라를 소망하면서,
긍정적으로 준비하는 신앙인 됨을 말씀으로 나눕니다.

▌주일설교제목

▌성 경 본 문

▌묵상내용요약

세례 요한이 광야에 머물면서 요단강 가에서 강력한 회개의 말씀을 선포하며 회개의 세례를 베풀 때, 많은 사람들이 그에게 나와 회개하고 세례를 받으며 그를 따랐습니다. 이에 그가 누군지 알아보려고 예루살렘에서 제사장과 레위인들을 뽑아 보냈습니다. 그들은 세례 요한에게 "네가 그리스도냐? 네가 엘리야냐? 네가 그 선지자냐?"라고 물었습니다.

지금 하나님의 나라를 선포하는 세례 요한의 사역이 그리스도와 닮았고, 그의 능력은 엘리야와 비슷했으며, 그는 어떤 선지자들보다도 더 분명한 하나님의 뜻을 전하고 있습니다. 예루살렘에서 온 이들이 그렇게 물었다는 것은, 그가 그런 인물일 것이라는 소문이 퍼졌기 때문이며, 그에게서 그런 모습을 보았기 때문일 것입니다.

없는 것은 만들고 있는 것은 더 과장해서 자신이 대단한 인물임을 드러내려는 요즘 사람들이라면, 얼마든지 내가 바로 그 사람이라고 대답할 것입니다. 하지만 세례 요한은 분명히 "나는 아닙니다"라고 대답합니다.

그리고 자신을 선지자 이사야의 말과 같이 주의 길을 곧게 하라고 광야에서 외치는 자의 소리라고 합니다. 세례 요한은 지금 자신의 외침을 듣고 회개하고 세례를 받는 사람들이 늘고, 제자들도 생기며, 인기도 오르고, 예루살렘의 지도자들과 면담을 할 만큼 유명해졌지만, 자신을 그런 세상의 기준으로 보지 않고, 오직 하나님의 말씀, 선지자 이사야의 말에 근거해서 자신을 보고 있습니다. 그리고 그 말씀으로 주어진 사명, 주님의 길을 곧게 하는 사명으로 자신을 보며, 자신을 예루살렘이 아닌 광야에서 외치는 소리라고 합니다.

성탄을 바르게 맞이하려면 자신을 진실하게 보아야 합니다. 아무리 멋지고 좋은 모습과 인정도 내가 아닌 것은 아니라고 정직하게 대답해야 합니다. 세상적으로 탐이 나고 자랑할 만한 자리가 아니라 오직 하나님의 말씀 안에서 하나님이 주신 사명을 곧게 하는 자리에서 살아야 합니다.

유대인들이 예루살렘에서 제사장들과 레위인들을 요한에게 보내어 네가 누구냐 물을 때에 요한의 증언이 이러하니라 요한이 드러내어 말하고 숨기지 아니하니 드러내어 하는 말이 나는 그리스도가 아니라 한대 또 묻되 그러면 누구냐 네가 엘리야냐 이르되 나는 아니라 또 묻되 네가 그 선지자냐 대답하되 아니라 또 말하되 누구냐 우리를 보낸 이들에게 대답하게 하라 너는 네게 대하여 무엇이라 하느냐 이르되 나는 선지자 이사야의 말과 같이 주의 길을 곧게 하라고 광야에서 외치는 자의 소리로라 하니라 요 1:19~23

사도 바울은 데살로니가 교인들에게 편지하면서, '우리가 너희 믿는 자들을 향하여 어떻게 거룩하고 옳고 흠 없이 행하였는지에 대하여 너희가 증인이고 하나님도 그러하시다'라고 합니다. 그러면서 하나님과 성도들이 인정하는 자신들의 실제적인 사역을 말합니다.

먼저 우리가 빌립보에서 고난과 능욕을 당하였으나 우리 하나님을 힘입어 많은 싸움 중에 하나님의 복음을 너희에게 전하였다고 합니다. 빌립보에서 기도로 사역을 준비하던 사도 바울 일행이 길에서 점치는 귀신들린 여인을 고쳐준 게 문제가 되어서, 당국에 체포되어 모진 매를 맞고 차꼬에 채여 지하 감옥에 갇히는 고난과 능욕을 당하였습니다. 만일 그 고난과 능욕이 깊은 상처로 마음에 남아 있다면, 데살로니가에 이르러서 다시 사역을 시작하지 못했을 것입니다. 하지만 바울 일행은 그 고난과 능욕이 영적 체험이 되어서, 여전히 하나님을 힘입어 많은 싸움 중에 하나님의 복음을 전하였습니다.

이 사역은 간사함이나 부정에서 난 것이 아니요 속임수나 아첨의 말, 탐심의 말이 아니라, 오직 우리 마음을 감찰하시는 하나님을 기쁘시게 하려는 것이었습니다. 바울 일행은 간사함과 아첨함으로 다른 사람의 관심을 얻으려 하지 않았고, 탐심이나 속임수나 부정함으로 자신의 이익을 구하지도 않았습니다. 오직 마음을 감찰하시는 하나님께서 받으시고 기뻐하실 일을 하였습니다. 그런 마음으로 너희 가운데서 유순한 자가 되어 유모가 자기 자녀를 기름과 같이 하였습니다.

민주화로 갈등을 겪던 시절, 한 진보신문 여기자가 일을 마치고 부모님의 집에 가서 아들을 등에 업고 골목길에 나와 서성이며 이런 말을 했습니다. "지금 사랑하는 어린 아들을 업고 있다면, 절대로 그렇게 무지막지한 욕도, 탐심과 아첨의 말도 하지 못할 것입니다. 우리 모두 사랑하는 아들을 등에 업은 마음으로 살면 좋겠습니다."

아기 예수의 오심을 기다리며, 우리는 오직 우리 마음을 감찰하시는 하나님이 기쁘게 받으실 거룩하고 흠이 없는 일을 힘써야 합니다. 오직 하나님의 힘으로 유모가 아기를 기름같이 사랑으로 일해야 합니다.

형제들아 우리가 너희 가운데 들어간 것이 헛되지 않은 줄을 너희가 친히 아나니 너희가 아는 바와 같이 우리가 먼저 빌립보에서 고난과 능욕을 당하였으나 우리 하나님을 힘입어 많은 싸움 중에 하나님의 복음을 너희에게 전하였노라 우리의 권면은 간사함이나 부정에서 난 것이 아니요 속임수로 하는 것도 아니라 오직 하나님께 옳게 여기심을 입어 복음을 위탁 받았으니 우리가 이와 같이 말함은 사람을 기쁘게 하려 함이 아니요 오직 우리 마음을 감찰하시는 하나님을 기쁘시게 하려 함이라 너희도 알거니와 우리가 아무 때에도 아첨하는 말이나 탐심의 탈을 쓰지 아니한 것을 하나님이 증언하시느니라 또한 우리는 너희에게서든지 다른 이에게서든지 사람에게서는 영광을 구하지 아니하였노라 우리는 그리스도의 사도로서 마땅히 권위를 주장할 수 있으나 도리어 너희 가운데서 유순한 자가 되어 유모가 자기 자녀를 기름과 같이 하였으니 우리가 이같이 너희를 사모하여 하나님의 복음뿐 아니라 우리의 목숨까지도 너희에게 주기를 기뻐함은 너희가 우리의 사랑하는 자 됨이라 형제들아 우리의 수고와 애쓴 것을 너희가 기억하리니 너희 아무에게도 폐를 끼치지 아니하려고 밤낮으로 일하면서 너희에게 하나님의 복음을 전하였노라 우리가 너희 믿는 자들을 향하여 어떻게 거룩하고 옳고 흠 없이 행하였는지에 대하여 너희가 증인이요 하나님도 그러하시도다 너희도 아는 바와 같이 우리가 너희 각 사람에게 아버지가 자기 자녀에게 하듯 권면하고 위로하고 경계하노니 이는 너희를 부르사 자기 나라와 영광에 이르게 하시는 하나님께 합당히 행하게 하려 함이라 살전 2:1~12

사도 바울은 데살로니가 교인들에게 편지하며, 우리가 우리 하나님 앞에서 너희로 말미암아 모든 기쁨으로 기뻐한다고 합니다. 바울의 이 고백을 이해하려면, '우리'를 먼저 보아야 합니다.

바울은 자신을 내세우며 '나'라고 말하지 않고, 실루아노와 디모데와 함께 하는 공동체를 강조해서 '우리'라고 합니다. 그리고 그런 우리는 너희로 말미암아 모든 기쁨으로 기뻐한다고 하여, 멀리 떨어져 있는 데살로니가 교인도 이미 우리라고 인정합니다. 이는 오직 우리 하나님 앞에서만 가능합니다. 나의 앞에서는 결코 불가능합니다. 오직 하나님 앞에서 내가 진심으로 낮아져서 내가 너와 함께 할 때, 진정한 우리를 이룰 수 있습니다. 이렇게 하나님 앞에서 진정한 우리가 될 때만, 너희로 말미암아 진정한 기쁨으로 충만하게 됩니다.

그리고 그 기쁨은 감사로, 즉 너희를 위하여 능히 어떠한 감사로 하나님께 보답할까 하는 마음으로 이어집니다. 여기서 분명히 보아야 하는 것은 '너희를 위하여' 입니다. 사도 바울은 너희로 말미암아가 아니라 너희를 위하여 감사한다고 합니다. 너희로 말미암아 모든 기쁨으로 기뻐하며, 너희를 위해서 하나님께 감사한다고 합니다. 함께 우리된 너희로 말미암아 기뻐하는 신앙인은 너희로 말미암아 감사할 뿐만 아니라, 너희를 위해서 감사하는 것입니다. 감사는 우리에게 기쁨이 되는 너희를 위한 것입니다. 이런 감사를 통해서 너희의 헌신이 하나님의 축복의 시작이 되어, 더 아름다운 우리 공동체를 이루게 됩니다.

사도 바울은 이런 기쁨과 감사로 "우리 주 예수께서 그의 모든 성도와 함께 강림하실 때에 하나님 우리 아버지 앞에서 거룩함에 흠이 없게 하시기를 원하노라"라고 축복합니다. 주께서 다시 오셔서 이루실 거룩하고 흠이 없는 우리 공동체를 소망하며 축복하고 있습니다.

대림의 절기를 지나며, 우리는 진심으로 그리스도의 오심을 소망해야 합니다. 오직 하나님 앞에서 나와 너의 구분을 넘어서는 진정한 우리를 이루고, 너를 인해서 진심으로 기뻐하고, 너를 위하여 감사하면서, 주님이 오셔서 이루실 거룩하고 온전한 하나님 나라를 소망해야 합니다.

나의 기도

우리가 우리 하나님 앞에서 너희로 말미암아 모든 기쁨으로 기뻐하니 너희를 위하여 능히 어떠한 감사로 하나님께 보답할까 주야로 심히 간구함은 너희 얼굴을 보고 너희 믿음이 부족한 것을 보충하게 하려 함이라 하나님 우리 아버지와 우리 주 예수는 우리 길을 너희에게로 갈 수 있게 하시오며 또 주께서 우리가 너희를 사랑함과 같이 너희도 피차간과 모든 사람에 대한 사랑이 더욱 많아 넘치게 하사 너희 마음을 굳건하게 하시고 우리 주 예수께서 그의 모든 성도와 함께 강림하실 때에 하나님 우리 아버지 앞에서 거룩함에 흠이 없게 하시기를 원하노라 살전 3:9~13

사도 바울은 데살로니가 교회에 두 번 편지를 보냈습니다. 두 편지를 비교해서 읽어보면, 데살로니가 교인들의 영적 변화와 성장을 알 수 있습니다.

사도 바울은 첫 편지에서 너희의 믿음의 역사를 기억하고 감사한다고 합니다. 두 번째 편지에서는 너희 믿음이 더욱 자라고 있기에 감사함이 당연하다고 합니다. 데살로니가 교인들이 믿음으로 일함에 감사한 사도 바울은 그들의 믿음이 더욱 자라서 더욱 큰 믿음으로 일한다는 소식을 듣고 감사함이 당연하다고 합니다.

사도 바울은 첫 편지에서 너희의 사랑의 수고를 기억하고 감사한다고 합니다. 두 번째 편지에서는 너희가 다 각기 서로 사랑함이 풍성함이니 감사함이 당연하다고 합니다. 데살로니가 교인들이 사랑으로 수고함에 감사한 사도 바울은 그들이 서로 각기 사랑함이 풍성함으로 더 아름다운 사랑을 실천한다는 소식을 듣고 감사함이 당연하다고 합니다.

사도 바울은 첫 편지에서 너희의 우리 주 예수 그리스도에 대한 소망의 인내를 기억하고 감사한다고 합니다. 두 번째 편지에서는 너희가 견디고 있는 모든 박해와 환난 중에서 너희 인내와 믿음으로 말미암아 하나님의 여러 교회에서 우리가 친히 자랑하며, 감사함이 당연하다고 합니다. 사도 바울에게 배운 데살로니가 교인들이 다시 오실 예수 그리스도에 대한 소망으로 인내함을 듣고 감사한 사도 바울은 그들이 핍박과 환난을 실제로 참고 그 소망을 유지함에 여러 교회에 자랑하며, 감사함을 당연하다고 합니다.

한 해 사역을 마무리하고 대림절 절기와 함께 새로운 사역에 임하면서, 우리들의 믿음, 사랑, 소망은 더욱 성숙해야 합니다. 더 굳건한 믿음으로 일하고, 서로서로 풍성한 사랑으로 더욱 수고해야 하며, 실제로 부딪히는 현실에서 더 참고 인내하며 다시 오실 예수 그리스도를 온전히 소망해야 합니다.

우리가 너희 모두로 말미암아 항상 하나님께 감사하며 기도할 때에 너희를 기억함은 너희의 믿음의 역사와 사랑의 수고와 우리 주 예수 그리스도에 대한 소망의 인내를 우리 하나님 아버지 앞에서 끊임없이 기억함이니 하나님의 사랑하심을 받은 형제들아 너희를 택하심을 아노라 **살전 1:2~4**

　형제들아 우리가 너희를 위하여 항상 하나님께 감사할지니 이것이 당연함은 너희의 믿음이 더욱 자라고 너희가 다 각기 서로 사랑함이 풍성함이니 그러므로 너희가 견디고 있는 모든 박해와 환난 중에서 너희 인내와 믿음으로 말미암아 하나님의 여러 교회에서 우리가 친히 자랑하노라 **살후 1:3~4**

사도 베드로는 지금 고난과 박해로 시련의 시간을 지나는 성도들, 광야를 지나는 나그네와 거류민처럼 시련의 시간을 지나는 성도들에게 위로와 권면의 편지를 보내면서, 하나님의 택하심을 입은 보배로운 산 돌이신 예수께 나아가, 너희도 산 돌 같이 신령한 집으로 세워지라고 합니다.

예수 그리스도는 하나님의 택하심을 입은 보배로운 산 돌이십니다. 사도 베드로는 시편을 인용하여 건축자의 버린 돌이 모퉁이의 머릿돌이 되었다고 하며, 내가 택한 보배로운 모퉁잇돌을 시온에 두었다고 합니다. 예수께서 십자가에서 고난을 받으시고 돌아가셨을 때, 모두가 쓸모없어 버린 자로 여겼습니다. 하지만 예수께서는 새로운 몸으로 부활하셨습니다. 세상은 버려진 것으로 여겼지만, 하나님께서 온 세상을 구원할 역사를 새 창조의 모퉁이의 머릿돌로 삼으셨습니다. 온 세상에 새로운 생명의 역사를 시작하는 보배로운 산 돌이 되셨습니다.

우리도 예수께 나아가, 산 돌이신 예수님 같이 신령한 집으로 세워져야 합니다. 어려운 시절 나그네로 살아가는 우리에게, 사상의 박해와 시련은 온갖 악독, 기만, 외식, 시기, 비방으로 다가와서, 우리도 돌같이 굳어져 악독, 기만, 외식, 시기, 비방으로 반응하도록 합니다. 하지만 사도 베드로는 오히려 갓난 아기와 같이 순전하고 신령한 젖을 사모하라고 권면합니다. 오직 엄마 젖을 찾고 엄마 젖으로 사는 갓난 아기처럼, 그렇게 순수하고 신령한 젖을 사모하고, 그 순수함으로 이방인 중에서 행실을 선하게 가져, 너희를 악행한다고 비방하는 자들로 하여금 너희 선한 일을 보고 하나님께 영광을 돌리게 하라고 합니다. 이것이 산 돌이신 예수를 닮아 산 돌로 살아가는 것입니다.

지금 우리는 풍요로운 중에 갑자기 다가온 시련과 시험의 시간을 살아가고 있습니다. 지금 우리는 성도 한 사람 한 사람이 산 돌 같이 살아야 합니다. 세상의 악행, 비방, 시기, 질투의 돌 같은 단단함이 아니라 순수한 말씀을 사모하고 그 순수함으로 성도의 말과 행실을 살아내는 단단함이 필요합니다. 선한 양심, 온유와 경외함, 선한 행실, 선한 일의 살아있는 단단함으로, 세상에 하나님의 살아계심을 깨닫게 해야 합니다.

그러므로 모든 악독과 모든 기만과 외식과 시기와 모든 비방하는 말을 버리고 갓난 아기들 같이 순전하고 신령한 젖을 사모하라 이는 그로 말미암아 너희로 구원에 이르도록 자라게 하려 함이라 너희가 주의 인자하심을 맛보았으면 그리하라 사람에게는 버린 바가 되었으나 하나님께는 택하심을 입은 보배로운 산 돌이신 예수께 나아가 너희도 산 돌 같이 신령한 집으로 세워지고 예수 그리스도로 말미암아 하나님이 기쁘게 받으실 신령한 제사를 드릴 거룩한 제사장이 될지니라 **벧전 2:1~5**

만물의 마지막이 가까이 왔음을 선포하며, 어려운 시절 세상 속에서 나그네와 거류민같이 살아가는 성도들에게 산 돌 같이 살라고 권면한 사도 베드로는 이어서 교회 안에서의 신앙생활과 헌신에 대해서 말씀합니다.

"너희는 정신을 차리고 근신하여 기도하라." 만물의 마지막이 가까이 왔으니 정신을 차리고 근신하여 기도하라고 권면합니다. 두려워하거나 무서워하지 말고 정신 차리고, 예수께서 이루신 하나님 나라 사역을 온전히 마음에 담고, 공동체를 이룬 성도들이 함께 그 사역의 완성을 위해서 근신하여 기도하라는 것입니다.

이어서 "무엇보다도 뜨겁게 서로 사랑할지니 사랑은 허다한 죄를 덮느니라"라고 합니다. 사도 베드로는 만물의 마지막이 가까이 왔으니, 성도들끼리 서로 뜨겁게 사랑하되, 사랑으로 허다한 죄를 덮으라고 권면합니다. 이는 죄를 지어도 묵인하라는 말이 아닙니다. 죄를 내버려 두면 실족하여 넘어지기에, 죄를 지을 구덩이들을 사랑으로 메우고 덮으라는 것입니다.

거기에 더하여 "서로 대접하기를 원망 없이 하고, 각각 은사를 받은 대로 하나님의 여러 가지 은혜를 맡은 선한 청지기 같이 서로 봉사하라"라고 권면합니다. 사랑으로 부정적인 요인을 덮을 뿐 아니라, 받은 은사대로 서로 더 적극적으로 대접하고 봉사하여, 서로에게 덕이 되는 선한 열매를 맺으라고 합니다.

이런 사랑의 말과 실천은 내 힘으로 되는 것이 아니기에, 만일 누가 말하려면 하나님의 말씀을 하는 것 같이 하고, 누가 봉사하려면 하나님이 공급하시는 힘으로 하는 것 같이 하라고 합니다.

이렇게 교회 안에서, 하나님 나라를 바라보면서 기도하고, 각자의 은사대로 서로 섬기고 봉사하며 온전한 사랑으로 공동체를 이루어 감으로 범사에 예수 그리스도로 말미암아 하나님이 영광을 받으시게 하며, 그에게 영광과 권능이 세세에 무궁하도록 있을 것입니다. 이것이 주님의 다시 오심을 기다리는 대림의 신앙입니다.

나의 기도

만물의 마지막이 가까이 왔으니 그러므로 너희는 정신을 차리고 근신하여 기도하라 무엇보다도 뜨겁게 서로 사랑할지니 사랑은 허다한 죄를 덮느니라 서로 대접하기를 원망 없이 하고 각각 은사를 받은 대로 하나님의 여러 가지 은혜를 맡은 선한 청지기 같이 서로 봉사하라 만일 누가 말하려면 하나님의 말씀을 하는 것 같이 하고 누가 봉사하려면 하나님이 공급하시는 힘으로 하는 것 같이 하라 이는 범사에 예수 그리스도로 말미암아 하나님이 영광을 받으시게 하려 함이니 그에게 영광과 권능이 세세에 무궁하도록 있느니라 아멘 **벧전 4:7~11**

4

대림절 넷째 주간

전통적으로 대림절 넷째 주일에 이어지는 넷째 주간은
아기 예수의 오심을 기쁨으로 맞이한 이들의
첫 성탄의 증언을 읽으며, 기쁨으로 성탄을 준비합니다.
이번 넷째 주간에는 아기 예수의 오심을 맞이한
마리아, 요셉, 천사, 목자, 동방박사의 이야기를 읽습니다.

■ 주일설교제목

■ 성 경 본 문

■ 묵상내용요약

나의 기도

천사 가브리엘이 마리아에게 예수 출생을 전합니다. "네가 하나님께 은혜를 입었느니라. 보라 네가 잉태하여 아들을 낳으리니 그 이름을 예수라 하라." 마리아는 순수한 마음으로 자신은 남자를 알지 못하는데 어찌 이 일이 있을지 묻습니다. 천사는 "성령이 네게 임하시고 지극히 높으신 이의 능력이 너를 덮으시리니, 이러므로 나실 바 거룩한 이는 하나님의 아들이라 일컬어지리라. 대저 하나님의 모든 말씀은 능하지 못하심이 없느니라"라고 답합니다. 그러자 마리아는 "주의 여종이오니 말씀대로 내게 이루어지이다"라고 순종으로 대답합니다.

프랜시스 쉐퍼는 마리아의 응답을 능동적 수동성이라고 해석합니다. 마리아가 천사의 전언을 듣고 응답할 방법이 몇 가지 있는데, 먼저 부정적으로 응답할 수 있습니다. "나는 약혼하고 지금 결혼 일자를 기다리고 있는데, 다른 아이를 가지라니요? 그건 절대로 안 됩니다."라고 부정적으로 응답할 수 있습니다. 그런가 하면 천사의 전언을 듣고, "아들을 가지라고요. 알겠습니다. 제가 해보겠습니다." 하고 요셉과 부부관계를 갖고 스스로 아기를 가질 수도 있습니다. 마리아는 이렇게 응답하지 않고,

자신을 주의 말씀을 따르는 여종이라 고백하며 주의 말씀을 겸손히 하지만 능동적으로 받아들였습니다. 남자와 능동적으로 관계를 맺어 아이를 갖는 것이 아니라 하나님의 성령이 내게 임하고 하나님의 능력이 나를 덮어서 아기를 갖게 됨을 수동적으로 겸손히 받아들이고, 그 후에 능동적으로 내가 잉태된 아기를 잘 키워서 아기를 낳겠다고 응답했습니다. 바로 이런 태도가 능동적 수동성의 자세입니다.

"주의 여종이오니 말씀대로 내게 이루어지이다." 마리아의 대답이 성탄을 준비하는 우리 마음의 근본이어야 합니다. 어려운 시절이지만 지금 우리가 신앙적으로 어떤 자리에 있든지 마음으로 성탄을 준비하고 맞이해야 합니다. 하나님의 은혜를 받은 자로서 먼저 하나님 앞에 순수함으로 무릎을 꿇고, 겸손함으로 부르심과 사명의 음성을 들어야 합니다. 순수함과 겸손함으로 들은 그 사명을 성령의 감동하심을 따라 내가 이루어 가겠다는 믿음으로 능동적으로 주의 사역에 임해야 합니다.

마리아가 천사에게 말하되 나는 남자를 알지 못하니 어찌 이 일이 있으리이까 천사가 대답하여 이르되 성령이 네게 임하시고 지극히 높으신 이의 능력이 너를 덮으시리니 이러므로 나실 바 거룩한 이는 하나님의 아들이라 일컬어지리라 보라 네 친족 엘리사벳도 늙어서 아들을 배었느니라 본래 임신하지 못한다고 알려진 이가 이미 여섯 달이 되었나니 대저 하나님의 모든 말씀은 능하지 못하심이 없느니라 마리아가 이르되 주의 여종이오니 말씀대로 내게 이루어지이다 하매 천사가 떠나가니라 눅 1:34~38

나사렛 청년 요셉은 그와 정혼한 마리아에게 불미스러운 일이 일어났음을 알게 됩니다. 마리아가 요셉과 약혼하고 동거하기 전에 성령으로 잉태된 것이 나타났습니다. 신앙적으로 보면 성령으로 잉태한 임마누엘 하나님의 아들이지만, 청년 요셉에게는 약혼녀의 부정한 행동의 결과가 드러난 것입니다. 이 감당하기 어렵고 분노가 끓어오르는 고통스러운 상황 중에, 요셉은 의로운 사람이라, 그를 드러내지 아니하고 가만히 끊고자 했습니다.

요셉의 판단과 행동은 진정으로 의로운 사람의 모습은 어떠한지 가르쳐 줍니다. 외적이고 메마른 의로움으로 마리아를 대했다면, 다른 사람의 아기를 가진 것을 알았을 때 이를 드러내어 배신과 부정에 적절한 책임을 묻고 합당한 처벌을 받게 하였을 것입니다.

우리는 의롭게 살아야 하지만, 메마른 의로움만으로는 주의 사역을 감당할 수도 열매를 거둘 수도 없습니다. 이런 의로움의 대표적인 예가 바로 요나입니다. 하나님께서는 죄로 인해 멸망할 니느웨 성을 구원하려고, 그들이 회개하고 돌아오도록 하나님의 말씀을 전하라고 요나를 택하셨지만, 요나는 하나님의 결정을 따르지 않았습니다. 자신의 의로움으로 니느웨를 보니, 그들은 하나님의 진노를 받아서 죽어야 할 짐승들입니다. 그래서 하나님의 부름을 피해서 다시스로 가는 배를 탑니다. 요나는 하나님의 명령을 어긴 나쁜 예언자이기 전에, 의로운 사람이었습니다.

요셉은 이런 메마른 의로움을 넘어서서, 조용히 끊고자 했습니다. 요셉의 이 의로운 결심은 하나님의 구원 역사를 시작하는 첫 단추가 되었습니다. 이런 요셉에게 주의 사자가 현몽하여 이르되 "다윗의 자손 요셉아 네 아내 마리아 데려오기를 무서워하지 말라. 그에게 잉태된 자는 성령으로 된 것이라."라고 전언하였고, 요셉이 잠에서 깨어 일어나 주의 사자의 분부대로 행하여 그의 아내를 데려왔습니다

대림절을 지나며 우리는 의로움으로 성탄을 준비해야 합니다. 메마른 의로움이 아니라, 우리가 살아가는 현실에 주의 은혜와 사랑을 전하는 의로움으로 성탄을 맞아야 합니다.

나의 기도

예수 그리스도의 나심은 이러하니라 그의 어머니 마리아가 요셉과 약혼하고 동거하기 전에 성령으로 잉태된 것이 나타났더니 그의 남편 요셉은 의로운 사람이라 그를 드러내지 아니하고 가만히 끊고자 하여 이 일을 생각할 때에 주의 사자가 현몽하여 이르되 다윗의 자손 요셉아 네 아내 마리아 데려오기를 무서워하지 말라 그에게 잉태된 자는 성령으로 된 것이라 아들을 낳으리니 이름을 예수라 하라 이는 그가 자기 백성을 그들의 죄에서 구원할 자이심이라 하니라 이 모든 일이 된 것은 주께서 선지자로 하신 말씀을 이루려 하심이니 이르시되 보라 처녀가 잉태하여 아들을 낳을 것이요 그의 이름은 임마누엘이라 하리라 하셨으니 이를 번역한즉 하나님이 우리와 함께 계시다 함이라 요셉이 잠에서 깨어 일어나 주의 사자의 분부대로 행하여 그의 아내를 데려왔으나 아들을 낳기까지 동침하지 아니하더니 낳으매 이름을 예수라 하니라 마 1:18~25

예수께서 베들레헴에서 탄생하신 그 밤, 그 지역에 목자들이 밤에 밖에서 자기 양 떼를 지키고 있었을 때 천사들이 나타났습니다. 주의 영광이 그들을 두루 비추매 크게 무서워할 때, 천사가 말합니다. "무서워하지 말라. 보라 내가 온 백성에게 미칠 큰 기쁨의 좋은 소식을 너희에게 전하노라. 오늘 다윗의 동네에 너희를 위하여 구주가 나셨으니 곧 그리스도 주시니라." 천사의 전언과 함께 수많은 천군이 그 천사와 함께 하나님을 찬송하여 이르되 "지극히 높은 곳에서는 하나님께 영광이요 땅에서는 하나님이 기뻐하신 사람들 중에 평화로다."라고 찬송하였습니다.

밤을 밝히는 하늘의 영광, 수많은 천군 천사의 아름다운 찬양과 예수 탄생을 알리는 이 놀라운 장면에서 주목해서 봐야 할 대목은 주의 사자가 목자들 '곁에 선' 것입니다. 지금 목자들이 한밤에 들에서 양들 곁에 함께 있습니다. 그 밤 아무도 찾아오는 이 없는 들판에서 양을 지키며 밤을 새우는 목자들은 부유한 부자나 권력자가 아니었습니다. 또 자기에게 맡겨진 양들을 지키기 위해 들판에서 밤을 지나는 것은 결코 편안한 일이 아닙니다. 하지만 그렇게 양을 지키는 목자들에게 천사가 찾아와서, 그들의 곁에 섰습니다.

성경은 주의 사자가 곁에 섰다고 분명히 전하고 있습니다. 그 놀라운 하나님의 역사를 전하는 천사가 그들 앞에 위풍당당하게 위협적으로 선 것이 아니라, 그들 곁에 서서 축복의 소식을 전했습니다. 불편한 들판에서 양들 곁에 서서 밤을 지새우는 목자들은 천사들의 이 모습의 의미를 분명히 알았습니다. 천사들이 곁에 서서 그들과 함께함을 체험하며, 천사들이 전하는 그날 밤 일어난 사건의 의미, 임마누엘 예수 그리스도의 탄생의 의미를 분명히 알았을 것입니다.

성탄의 기쁨은 바로 여기서, 누군가의 곁에 섬으로 시작됩니다. 누군가의 곁, 그의 일자리, 그의 어려운 상황, 그가 처한 모든 상황 곁에 천사처럼 서줄 수 있는 이가 진정한 성탄의 기쁨을 아는 사람입니다. 하나님의 평안과 기쁨은 바로 곁에 섬으로, 그렇게 함께함으로 시작되는 것입니다.

그 지역에 목자들이 밤에 밖에서 자기 양 떼를 지키더니 주의 사자가 곁에 서고 주의 영광이 그들을 두루 비추매 크게 무서워하는지라 천사가 이르되 무서워하지 말라 보라 내가 온 백성에게 미칠 큰 기쁨의 좋은 소식을 너희에게 전하노라 오늘 다윗의 동네에 너희를 위하여 구주가 나셨으니 곧 그리스도 주시니라 너희가 가서 강보에 싸여 구유에 뉘어 있는 아기를 보리니 이것이 너희에게 표적이니라 하더니 홀연히 수많은 천군이 그 천사와 함께 하나님을 찬송하여 이르되 지극히 높은 곳에서는 하나님께 영광이요 땅에서는 하나님이 기뻐하신 사람들 중에 평화로다 하니라 눅 2:8~14

예수 탄생을 알린 천사들이 떠났습니다. 놀라운 빛, 영롱한 천사의 환상, 메시아 탄생을 알린 천사의 음성, 아름다운 찬송 소리가 사라지니, 깜깜한 밤에 거친 들판에서 양을 지키면서 지내야 하는 목자의 현실이 그대로 되살아납니다.

이 역설적인 상황에서도 목자들은 "이제 베들레헴으로 가서 주께서 우리에게 알리신 바 이 이루어진 일을 보자." 하며 이야기를 나눕니다. 빛이 사라진 어둠 속에서, 다시 드러난 지루하고 힘든 현실 속에서, 목자들은 계시의 빛과 말씀에 근거한 대화를 나누며 성탄의 기쁨을 함께했습니다.

여기서 꼭 기억해야 할 것은 '서로'입니다. 목자들은 서로 그 비전을 나누면서, 서로 어둠 속에서 긍정적인 교제를 시작했습니다. 캄캄한 어둠 속에서 서로 본 비전을 나누며 인적없는 빈 들에서 신앙의 교제와 공동체됨을 시작했습니다.

대화를 나눈 후, 그들은 빨리 가서 마리아와 요셉과 구유에 누인 아기를 찾아서 보았습니다. 그들은 천사가 자기들에게 이 아기에 대하여 말한 것을 전하였습니다. 듣는 자가 다 목자들이 그들에게 말한 것들을 놀랍게 여기되, 마리아는 이 모든 말을 마음에 새기어 생각했습니다. 이미 마리아도, 요셉도 천사에게 예수 출생의 전언을 들었습니다. 하지만 지금 베들레헴 마구간에서 아기를 낳아 담요에 싸서 말구유에 뉘어놓고 밤을 지새우니, 눈에 보이는 현실은 자기 백성을 죄에서 구원할 메시야는커녕 저 누울 자리 하나 없는 불쌍한 아기로 보였을 것입니다. 그때 목자들이 찾아와, 요셉 부부가 처한 상황이 하나님의 구원의 소식의 표징임을 전합니다.

찰스 테일러는 의미 있는 타인과의 대화는 그것이 어린 시절에 일어난 것일지라도, 평생을 통해서 각인된다고 합니다. 마리아는 그 말을 마음에 담고 살았을 것입니다.

현실이 어둡고 깜깜한 밤과 같더라도, 예수 그리스도의 오심과 다시 오심의 복음을 분명히 듣고 확신하며 아름다운 찬양을 들은 우리는, 아름다운 빛과 말씀 안에서 서로 함께 하는 교제로 서로 격려하고 기쁨과 감사로 성탄을 맞아야 합니다.

나의 기도

천사들이 떠나 하늘로 올라가니 목자가 서로 말하되 이제 베들레헴으로 가서 주께서 우리에게 알리신 바 이 이루어진 일을 보자 하고 빨리 가서 마리아와 요셉과 구유에 누인 아기를 찾아서 보고 천사가 자기들에게 이 아기에 대하여 말한 것을 전하니 듣는 자가 다 목자들이 그들에게 말한 것들을 놀랍게 여기되 마리아는 이 모든 말을 마음에 새기어 생각하니라 목자들은 자기들에게 이르던 바와 같이 듣고 본 그 모든 것으로 인하여 하나님께 영광을 돌리고 찬송하며 돌아가니라 눅 2:15~20

동방에서 별자리를 연구하던 박사들이 새로운 별, 메소리 달 첫날에 시리우스라는 별이 뜬 것을 보았습니다. 이는 유대에서 새로운 왕이 나는데 그가 온 세상을 다스릴 왕이라는 표지였습니다. 그 별을 따라서 동방박사들은 유대 예루살렘에 왔지만 정작 유대는 왕의 출생을 전혀 모르고 있었습니다. 그들의 말에 한바탕 소동과 혼란을 겪은 헤롯 왕은 계략을 숨기고 베들레헴에 가보라고 합니다.

박사들이 왕의 말을 듣고 갈새, 동방에서 보던 그 별이 문득 앞서 인도하여 가다가 아기 있는 곳 위에 머물러 서 있었습니다. 다시 별이 나타나 그들을 인도하여 아기 있는 곳 위에 머물러 가리켰을 때, 그들이 별을 보고 매우 크게 기뻐하고 기뻐하였습니다. 만왕의 왕을 위한 순례가 중간에 정치적인 것들과 섞여서 혼란과 소동이 있었지만, 다시 별이 나타나 자신들의 목적지를 가리킬 때, 그들은 진정한 기쁨으로 충만하였습니다.

동방박사들은 별이 지시하는 집에 들어가 아기와 그의 어머니 마리아가 함께 있는 것을 보고 엎드려 아기께 경배하고 보배합을 열어 황금과 유향과 몰약을 예물로 드렸습니다. 그들은 새로운 별을 보고 유대에서 왕의 탄생이 있을 것을 알았고, 그 왕을 위해서 가장 귀한 예물을 준비하였습니다. 그들은 그 별이 지시하는 대로 산을 넘고 물을 건너 별 따라서 와서 한 집에 들어갔을 때 거기 아기와 그의 어머니가 있었습니다. 엄마 품에 있는 한 아기는 귀한 예물을 받을 만한 왕자가 아니었습니다. 하지만 동방박사들은 왕가가 아닌 누추한 시골 집이라는 상황과 환경 안에서 아기를 보지 않고, 먼저 한 아기를 보았습니다. 자신들의 학문과 믿음, 즉 유대에서 세상을 다스릴 왕으로 태어난다는 확신으로, 먼저 한 아기를 보았고, 보배합을 열어 황금과 유향과 몰약을 드렸습니다.

성탄을 맞으며, 우리는 상황과 환경에 따른 흔들림을 넘어서서, 오직 계시와 신앙으로 예수님 탄생과 다시 오심을 보아야 합니다. 매우 크게 기뻐하고 기뻐하며 그분 앞에 엎드려 경배하고 보배합을 열어 예물을 드려야 합니다.

나의 기도

박사들이 왕의 말을 듣고 갈새 동방에서 보던 그 별이 문득 앞서 인도하여 가다가 아기 있는 곳 위에 머물러 서 있는지라 그들이 별을 보고 매우 크게 기뻐하고 기뻐하더라 집에 들어가 아기와 그의 어머니 마리아가 함께 있는 것을 보고 엎드려 아기께 경배하고 보배합을 열어 황금과 유향과 몰약을 예물로 드리니라 그들은 꿈에 헤롯에게로 돌아가지 말라 지시하심을 받아 다른 길로 고국에 돌아가니라 마 2:9~12

▮ 주일설교제목

▮ 성 경 본 문

▮ 묵상내용요약

말구유에 오신 예수님: 2021 대림절 묵상집

지 은 이	이인한
발 행 일	2021년 11월 10일
편 집 인	송우진
책 임 편 집	전영욱
기 획 / 편 집	강영아 장주한 이우섭
디 자 인	권미경 하수진
행 정 지 원	조미정 이상욱 김효진

펴 낸 곳	도서출판 사랑마루
	서울시 강남구 테헤란로64길 17(대치동)
대 표 전 화	TEL (02)3459-1051~2/ FAX (02)3459-1070
홈 페 이 지	http://www.eholynet.org
등 록	2011년 1월 17일 등록번호/ 제2011-000013호
I S B N	979-11-90459-15-0 03230
가 격	3,000원